बीमा व्यवसाय में सफलता के मंत्र

जीवन बीमा एजेंटों के लिए आवश्यक टिप्स

डॉ. डी. एन. रायज़ादे

Made with ❤ on the Notion Press Platform
www.notionpress.com

क्रम-सूची

भूमिका

"बीमा व्यवसाय में सफलता के मंत्र: जीवन बीमा एजेंटों के लिए आवश्यक टिप्स" लिखना मेरे लिए एक रोमांचक नया प्रयास रहा है। जूलॉजी के प्रोफेसर के रूप में और मैक्स लाइफ इंश्योरेंस के सलाहकार के रूप में वर्षों के अनुभव के साथ, मुझे जीवन बीमा एजेंट की यात्रा को एक अनोखे दृष्टिकोण से समझने का अवसर मिला है। बीमा उद्योग में संक्रमण ने अपने साथ चुनौतियाँ और अवसर लाए, लेकिन इस क्षेत्र में मेरा दृष्टिकोण हमेशा दूसरों को ज्ञान और आत्मविश्वास के साथ सशक्त बनाने की इच्छा से प्रेरित रहा है।

2015 में मैक्स लाइफ से जुड़ने के बाद, मैंने सीखा कि जीवन बीमा में सफल करियर एक मजबूत नींव पर आधारित होता है, जिसमें आवश्यक कौशल, लचीलापन और सबसे महत्वपूर्ण, आत्मविश्वास शामिल हैं। यह पुस्तक उन सिद्धांतों, रणनीतियों और व्यक्तिगत अंतर्दृष्टियों का संकलन है जो मेरी अपनी उपलब्धियों में महत्वपूर्ण रही हैं। प्रारंभिक दिनों से जब मैंने MDRT (मिलियन डॉलर राउंड टेबल) स्थिति प्राप्त की थी, से लेकर निरंतर सफलता के वर्षों तक, मैंने यह पहचाना है कि जीवन बीमा में सफलता उतनी ही संचार, सहानुभूति और तैयारी पर निर्भर करती है जितनी कि नीतियों और संख्याओं पर।

"बीमा व्यवसाय में सफलता के मंत्र" नए और अनुभवी दोनों एजेंटों के लिए लिखी गई है जो जीवन बीमा में एक स्थायी करियर बनाना चाहते हैं। इसके अध्याय प्रभावी संचार, ग्राहक सहभागिता, आपत्तियों को संभालना और समय प्रबंधन जैसे मुख्य क्षेत्रों पर मार्गदर्शन प्रदान करते हैं। ये कौशल, जो अक्सर अनदेखे रह जाते हैं, वास्तव में सफल एजेंटों को अलग करते हैं। इस पुस्तक का मेरा लक्ष्य हर पाठक में आत्मविश्वास जगाना है, ताकि आप न केवल कौशल बल्कि फलने-फूलने के लिए आवश्यक मानसिकता से भी लैस हो सकें।

मुझे आशा है कि इस पुस्तक में दी गई अंतर्दृष्टियाँ और व्यावहारिक सलाह आपके लिए जीवन बीमा के संतोषजनक करियर को

नेविगेट करने और सफल होने के लिए मूल्यवान उपकरण साबित होंगी।
डॉ. दीपक नारायण रायज़ादे

नेविगेट करने और सफल होने के लिए मूल्यवान उपकरण साबित होंगी।
डॉ. दीपक नारायण रायज़ादे

1

जीवन बीमा बिक्री का परिचय

जीवन बीमा को समझना

1. जीवन बीमा वित्तीय सुरक्षा प्रदान करता है, जिससे पॉलिसीधारक की मृत्यु के बाद लाभार्थियों को धन मिलता है।

2. टर्म लाइफ इंश्योरेंस जैसे पॉलिसियाँ अस्थायी कवरेज प्रदान करती हैं, आमतौर पर 10-30 वर्षों के लिए, जबकि स्थायी जीवन बीमा (जैसे कि होल या यूनिवर्सल लाइफ) जीवन भर सुरक्षा प्रदान करता है।

3. टर्म इंश्योरेंस सस्ता होता है और युवा परिवारों को आकर्षित करता है, जबकि होल लाइफ इंश्योरेंस नकद मूल्य बनाता है जिसे उधार लिया जा सकता है।

4. एजेंटों को अंडरराइटिंग प्रक्रिया को समझना आवश्यक है, जो स्वास्थ्य, उम्र और जीवनशैली का मूल्यांकन करती है ताकि जोखिम का निर्धारण किया जा सके।

5. जीवन बीमा खरीदने की क्षमता और आवश्यकता के बारे में भ्रांतियों को दूर करना ग्राहकों को मनाने के लिए महत्वपूर्ण है।

6. ग्राहकों को यह देखना आवश्यक है कि जीवन बीमा उनके समग्र वित्तीय सुरक्षा योजना का हिस्सा है जिससे वे अपने प्रियजनों की रक्षा कर सकें।

~

जीवन बीमा एजेंट की भूमिका

1. एजेंट वित्तीय सलाहकार के रूप में कार्य करते हैं, ग्राहकों को उन पॉलिसियों का चयन करने में मदद करते हैं जो उनके वित्तीय लक्ष्यों और जरूरतों के अनुरूप हों।

2. विश्वास और संबंध बनाना आवश्यक है; ग्राहक उन एजेंटों से खरीदने की संभावना अधिक रखते हैं जिनके साथ वे सहज महसूस करते हैं।

3. एजेंट की एक महत्वपूर्ण भूमिका यह है कि वे ग्राहकों को जीवन बीमा के लाभों के बारे में शिक्षित करें, जिसमें ऋणों को कवर करना और वित्तीय हानि से सुरक्षा शामिल है।

4. एजेंटों को नए उत्पादों, उद्योग नियमों और ग्राहक प्राथमिकताओं के बारे में अपनी जानकारी लगातार अपडेट करनी चाहिए।

5. प्रभावी एजेंट दीर्घकालिक संबंध बनाने पर ध्यान केंद्रित करते हैं, न कि केवल एक बार की बिक्री पर।

6. समय प्रबंधन और संगठनात्मक कौशल महत्वपूर्ण हैं ताकि बैठकों, फॉलो-अप और प्रशासनिक कार्यों का संतुलन बनाया जा सके।

~

सफल एजेंटों के प्रमुख गुण

1. सहानुभूति एजेंटों को उनके ग्राहकों की भावनात्मक और वित्तीय चिंताओं को समझने में मदद करती है, जिससे गहरा विश्वास बनता है।

2. लचीलापन अस्वीकृति से निपटने और चुनौतीपूर्ण उद्योग में बने रहने के लिए महत्वपूर्ण है जहाँ असफलताएँ सामान्य होती हैं।

3. मजबूत संचार कौशल वाले एजेंट जटिल जानकारी को स्पष्ट रूप से व्यक्त कर सकते हैं और ग्राहकों की जरूरतों को ध्यान से सुन सकते हैं।

4. सफल एजेंट निरंतर शिक्षा में निवेश करते हैं ताकि वे बीमा उत्पादों और उद्योग प्रवृत्तियों पर अद्यतित रह सकें।

5. पेशेवरों जैसे वित्तीय योजनाकारों या संपत्ति वकीलों के साथ नेटवर्किंग रेफरल अवसरों और नए व्यवसाय के लिए दरवाजे खोलती है।

6. संगठित रहने और आत्म-प्रेरित होने में सक्रियता बिक्री बढ़ाने और बेहतर करियर संतोष की ओर ले जाती है।

2

आत्म-विश्वास का निर्माण

आत्म-विश्वास का महत्व

1. आत्म-विश्वास ग्राहक के विश्वास को बनाने और बिक्री के अनुभव को बेहतर बनाने के लिए आवश्यक है।

2. मजबूत आत्म-विश्वास वाले एजेंट जीवन बीमा के मूल्य को प्रभावी ढंग से व्यक्त कर सकते हैं, जिससे अधिक बिक्री होती है।

3. उत्पाद ज्ञान आत्म-विश्वास की नींव है; पॉलिसियों को अच्छी तरह समझना ग्राहकों को आश्वस्त करता है।

4. नए एजेंट प्रस्तुति का अभ्यास करके और भूमिका निभाकर अपने आत्म-विश्वास को बढ़ा सकते हैं।

5. आत्म-विश्वासी एजेंट आपत्तियों और अस्वीकृतियों को बिना निराश हुए संभालने में बेहतर होते हैं।

6. सकारात्मक दृष्टिकोण और आत्म-विश्वास बेहतर ग्राहक संबंधों और दीर्घकालिक करियर संतोष की ओर ले जाते हैं।

~

अस्वीकृति के डर पर काबू पाना

1. अस्वीकृति का डर सामान्य है, लेकिन इसे तैयारी और बिक्री परिणामों की बजाय संबंध बनाने पर ध्यान केंद्रित करके प्रबंधित किया

जा सकता है।

2. एजेंटों को अस्वीकृति को बिक्री प्रक्रिया का हिस्सा मानना चाहिए, हर अनुभव से सीखकर सुधार करना चाहिए।

3. अस्वीकृति को एक सीखने के अवसर के रूप में पुनः फ्रेम करना एजेंटों को प्रेरित रखता है और प्रत्येक ग्राहक इंटरैक्शन में सुधार करता है।

4. ग्राहकों के साथ विश्वास और संबंध बनाना अस्वीकृति के दर्द को कम करता है, क्योंकि ध्यान दीर्घकालिक संबंधों पर होता है।

5. कम दबाव वाले माहौल में पिच का अभ्यास करना, जैसे कि भूमिका निभाना, चिंता को कम कर सकता है।

6. एजेंट समर्थन नेटवर्क—जैसे मेंटर्स, सहकर्मी या साथी—से ताकत प्राप्त कर सकते हैं ताकि उनकी लचीलापन बढ़ सके।

~

आत्म-विश्वास बढ़ाने की तकनीकें

1. विज़ुअलाइजेशन एजेंटों को ग्राहक बैठकों के लिए मानसिक रूप से तैयार करने में मदद करता है, सफल परिणामों की कल्पना करके।

2. सहकर्मियों के साथ भूमिका निभाना एजेंटों को आपत्तियों को संभालने और अपनी बिक्री तकनीक को सुधारने का अभ्यास करने में मदद करता है।

3. छोटे, प्राप्त करने योग्य लक्ष्यों का सेट करना एक सकारात्मक फीडबैक लूप प्रदान करता है जो समय के साथ आत्म-विश्वास बढ़ाता है।

4. निरंतर शिक्षा—कार्यशालाओं में भाग लेना और प्रमाणन पूरा करना—एक विशेषज्ञता और तैयारी की भावना पैदा करता है।

5. सहायक साथियों और मेंटर्स के साथ नेटवर्किंग आत्म-विश्वास को मजबूत करने और मूल्यवान फीडबैक प्रदान करने में मदद करती है।

6. अनुभव से आत्म-विश्वास बढ़ता है; जितनी अधिक इंटरैक्शन एजेंटों की ग्राहकों के साथ होती है, उतना ही स्वाभाविक रूप से वे आत्म-विश्वासी बनते हैं।

3

संचार कौशल में महारत हासिल करना

सक्रिय सुनने की तकनीकें

1. **सक्रिय सुनना** का मतलब है ग्राहकों को अपनी पूरी ध्यान देना, जिससे उन्हें यह महसूस हो कि आप उनकी राय और चिंताओं की कदर करते हैं।

2. आंखों से संपर्क बनाए रखना, सिर हिलाना, और "मैं समझता हूँ" जैसे मौखिक पुष्टि देना ग्राहकों को अधिक साझा करने के लिए प्रोत्साहित करता है।

3. ग्राहक की चिंताओं का सारांश और पैराफ्रेज़ करना समझ को स्पष्ट करता है और विश्वास बनाता है।

4. निर्णय लेने में देरी करना और हस्तक्षेप से बचना ग्राहकों को अपने विचार स्वतंत्र रूप से व्यक्त करने के लिए एक सुरक्षित स्थान प्रदान करता है।

5. सक्रिय सुनना एजेंटों को गहरे ग्राहक आवश्यकताओं को उजागर करने में मदद करता है जो तुरंत स्पष्ट नहीं हो सकती हैं, जिससे अधिक अनुकूलित समाधान मिलते हैं।

6. इस कौशल में महारत हासिल करना एजेंट-ग्राहक संबंध को मजबूत करता है और बिक्री बंद करने की संभावना बढ़ाता है।

~

प्रभावी प्रश्न पूछ्ने की रणनीतियाँ

1. **खुले प्रश्न** ग्राहकों को अपने विचार विस्तार से व्यक्त करने के लिए आमंत्रित करते हैं, जिससे उनकी आवश्यकताओं की गहरी समझ मिलती है।

2. **जिज्ञासु प्रश्न** ग्राहकों को उन चिंताओं का पता लगाने में मदद करते हैं जिन्हें उन्होंने पहले नहीं सोचा था, जिससे एजेंट विशेष आवश्यकताओं को संबोधित कर सकते हैं।

3. **प्रतिबिंबित प्रश्न** ग्राहकों को अपने दृष्टिकोण पर पुनर्विचार करने के लिए प्रोत्साहित करते हैं, जिससे अधिक अर्थपूर्ण चर्चा होती है।

4. **बंद प्रश्न** विशिष्ट विवरण स्पष्ट करने में मदद करते हैं, जैसे कि पिछले बीमा कवरेज या वित्तीय लक्ष्य।

5. सही प्रश्नों का मिश्रण सुनिश्चित करता है कि एजेंट सभी आवश्यक जानकारी एकत्र करें ताकि उपयुक्त समाधान पेश किया जा सके।

6. प्रभावी प्रश्न पूछ्ने से संबंध बनता है और यह दिखाता है कि एजेंट वास्तव में ग्राहक की जरूरतों की परवाह करता है।

~

जटिल अवधारणाओं को सरलता से समझाना

1. जटिल बीमा अवधारणाओं को सरल बनाने के लिए उपमा और संबंधित उदाहरणों का उपयोग करें, जिससे उन्हें समझना आसान हो सके।

2. दृश्य सहायता, जैसे आरेख या चार्ट, जटिल विचारों को ग्राहकों के लिए पचाने योग्य हिस्सों में तोड़ देती हैं।

3. व्याख्याएँ ग्राहक की समझ के स्तर के अनुसार तैयार करें, जहाँ तकनीकी शब्दजाल से बचें जब यह आवश्यक न हो।

4. ग्राहकों को प्रश्न पूछ्ने के लिए प्रोत्साहित करें, जिससे एक इंटरैक्टिव और खुला संवाद बने।

5. बातचीत के दौरान महत्वपूर्ण बिंदुओं को दोहराना समझ और याददाश्त को मजबूत करता है।

6. जटिल विचारों को सरल बनाना ग्राहकों में आत्मविश्वास पैदा करता है और उन्हें सूचित निर्णय लेने में अधिक सहज बनाता है।

4

अपने उत्पाद को समझना

जीवन बीमा पॉलिसियों के प्रकार

1. **टर्म लाइफ इंश्योरेंस**: यह एक निश्चित समय अवधि (जैसे 10-30 वर्ष) के लिए कवरेज प्रदान करता है और आमतौर पर स्थायी बीमा की तुलना में अधिक सस्ता होता है।

2. **होल लाइफ इंश्योरेंस**: यह जीवन भर कवरेज प्रदान करता है और इसके साथ नकद मूल्य संचय का लाभ भी होता है।

3. **यूनिवर्सल लाइफ इंश्योरेंस**: यह प्रीमियम भुगतान और मृत्यु लाभ में लचीलापन प्रदान करता है, जिससे इसे बदलती वित्तीय परिस्थितियों के अनुसार अनुकूलित किया जा सकता है।

4. **वेरिएबल लाइफ इंश्योरेंस**: इसमें एक निवेश घटक शामिल होता है, जहां पॉलिसीधारक विभिन्न पोर्टफोलियो में निवेश कर सकते हैं, जिससे वृद्धि की संभावना होती है।

5. **इंडेक्स्ड यूनिवर्सल लाइफ इंश्योरेंस**: यह नकद मूल्य की वृद्धि को स्टॉक मार्केट इंडेक्स से जोड़ता है, जो उन ग्राहकों को आकर्षित करता है जो कम जोखिम के साथ मध्यम वृद्धि चाहते हैं।

6. एजेंटों को इन पॉलिसी प्रकारों को समझना आवश्यक है ताकि वे ग्राहक की जरूरतों और वित्तीय लक्ष्यों के आधार पर उपयुक्त विकल्प

सुझा सकें।

~

प्रमुख विशेषताएँ और लाभ

1. **मृत्यु लाभ**: जीवन बीमा की प्रमुख विशेषता, जो पॉलिसीधारक की मृत्यु के बाद लाभार्थियों के लिए वित्तीय सुरक्षा सुनिश्चित करती है।

2. **नकद मूल्य संचय**: स्थायी पॉलिसियाँ जैसे होल लाइफ ग्राहकों को बचत बनाने की अनुमति देती हैं, जिसे उधार लिया जा सकता है या निकाला जा सकता है।

3. **प्रीमियम संरचना**: पॉलिसियाँ स्थिर, बढ़ते या घटते प्रीमियम प्रदान कर सकती हैं, जो सस्ती और दीर्घकालिक लागत को प्रभावित करती हैं।

4. **कर लाभ**: नकद मूल्य कर-निलंबित बढ़ता है, और मृत्यु लाभ आमतौर पर लाभार्थियों के लिए कर-मुक्त होता है।

5. **लचीलापन**: यूनिवर्सल लाइफ और अन्य पॉलिसियाँ समय के साथ कवरेज और प्रीमियम स्तरों को समायोजित करने के विकल्प प्रदान करती हैं।

6. **एस्टेट प्लानिंग**: होल और यूनिवर्सल लाइफ इंश्योरेंस ग्राहकों को धन हस्तांतरण और एस्टेट योजना रणनीतियों में मदद कर सकता है।

~

जटिल अवधारणाओं को सरलता से समझाने का तरीका

1. ग्राहक की ज्ञान स्तर को समझें ताकि व्याख्याएँ उपयुक्त रूप से तैयार की जा सकें और उन्हें तकनीकी शब्दजाल से अभिभूत न किया जाए।

2. उपमा और संबंधित उदाहरणों का उपयोग करें ताकि ग्राहक अपरिचित अवधारणाओं को समझ सकें, जैसे जीवन बीमा की तुलना एक सुरक्षा जाल से करना।

3. दृश्य सहायता जैसे चार्ट और इन्फोग्राफिक्स जटिल विचारों को सरल, पचाने योग्य घटकों में तोड़ने में मदद कर सकते हैं।

4. महत्वपूर्ण बिंदुओं को स्पष्ट रूप से समझाएँ और उन्हें उदाहरणों के साथ मजबूत करें जो ग्राहक की व्यक्तिगत स्थिति या लक्ष्यों से संबंधित हों।

5. चर्चा के दौरान प्रश्न पूछने के लिए प्रोत्साहित करें ताकि यह सुनिश्चित हो सके कि ग्राहक उत्पाद को पूरी तरह से समझता है।

6. आवश्यक अवधारणाओं का पुनरावृति और सुदृढ़ीकरण सुनिश्चित करता है कि ग्राहक निर्णय लेने की प्रक्रिया में आत्मविश्वास महसूस करे।

5

संभावित ग्राहकों की पहचान और लीड जनरेशन

अपने लक्षित बाजार की पहचान करना

1. लक्षित बाजार को परिभाषित करना—जैसे उम्र, पारिवारिक स्थिति, आय, और पेशा—बेहतर बिक्री प्रयासों के लिए अधिक केंद्रित दृष्टिकोण प्रदान करता है।

2. ग्राहक की मनोवैज्ञानिक विशेषताओं को समझना, जैसे उनके मूल्य और प्रेरणाएँ, आपके पिच को बेहतर ढंग से अनुकूलित करने में मदद करता है।

3. मौजूदा ग्राहकों का विश्लेषण करना उन जनसांख्यिकी पर अंतर्दृष्टि प्रदान करता है जो आपकी सेवाओं के साथ जुड़ने की संभावना रखते हैं।

4. बाजार विभाजन विशेष समूहों, जैसे युवा परिवारों या सेवानिवृत्त लोगों के लिए लक्षित विपणन रणनीतियों को बनाने में मदद करता है।

5. अपने लक्षित बाजार का निरंतर पुनर्मूल्यांकन करना आवश्यक है ताकि आप बदलती उद्योग प्रवृत्तियों और ग्राहक आवश्यकताओं के

साथ तालमेल बनाए रख सकें।

6. एक अच्छी तरह से परिभाषित लक्षित बाजार व्यक्तिगत पिच बनाने और सही संभावित ग्राहकों को आकर्षित करने में मदद करता है।

~

लीड खोजने की रणनीतियाँ

1. व्यक्तिगत और पेशेवर नेटवर्क का लाभ उठाना लीड उत्पन्न करने में मदद करता है, दीर्घकालिक सफलता के लिए संबंधों का निर्माण करने पर ध्यान केंद्रित करें।

2. ऑनलाइन मार्केटिंग रणनीतियाँ, जैसे SEO और सामग्री विपणन, उन ग्राहकों को आकर्षित कर सकती हैं जो बीमा समाधान की तलाश में हैं।

3. ठंडी कॉलिंग, जबकि चुनौतीपूर्ण हो सकती है, तब परिणाम दे सकती है जब एजेंट बिक्री के लिए दबाव डालने के बजाय शिक्षा पर ध्यान केंद्रित करते हैं।

4. अन्य पेशेवरों, जैसे वित्तीय सलाहकारों के साथ सहयोग करना क्रॉस-रेफरल्स की अनुमति देता है।

5. उद्योग घटनाओं या सेमिनारों में भाग लेना नेटवर्किंग और नए ग्राहकों को खोजने का एक शानदार तरीका है।

6. संभावित लीड के साथ ईमेल या कॉल के माध्यम से फॉलो-अप करना सुनिश्चित करता है कि संभावनाएँ संलग्न रहें।

~

रेफरल का लाभ उठाना

1. संतुष्ट ग्राहक रेफरल का एक प्रमुख स्रोत होते हैं; सुनिश्चित करें कि वे मूल्यवान महसूस करें ताकि सिफारिशें प्रोत्साहित हों।

2. रेफरल कार्यक्रम ग्राहकों को आपके सेवाओं की सिफारिश करने के लिए प्रेरित करते हैं।

3. सफलतापूर्वक सौदा बंद करने के बाद सीधे ग्राहकों से रेफरल मांगें; वे अक्सर मदद करने के लिए इच्छुक होते हैं।

4. ग्राहकों के साथ मजबूत संबंध बनाए रखना मूल्यवान रेफरल प्राप्त करने की संभावना बढ़ाता है।

5. अन्य पेशेवरों के साथ सहयोग करके रेफरल का आदान-प्रदान करें, जिससे आपका नेटवर्क बढ़ता है।

6. उन ग्राहकों का धन्यवाद करें जो दूसरों को संदर्भित करते हैं ताकि आप आभार व्यक्त कर सकें और भविष्य की सिफारिशों को प्रोत्साहित कर सकें।

6

प्रभावी बैठकों का संचालन

ग्राहक बैठकों की तैयारी

1. ग्राहक की पृष्ठभूमि के बारे में शोध करें ताकि आप उनकी वित्तीय स्थिति और आवश्यकताओं को समझ सकें, जिससे आप अपनी प्रस्तुति को अनुकूलित कर सकें।

2. एक संरचित एजेंडा बनाएं जिसमें प्रमुख चर्चा बिंदुओं को शामिल किया जाए, जैसे मौजूदा पॉलिसियाँ, वित्तीय लक्ष्य, और सुझाए गए समाधान।

3. जटिल नीतियों की व्याख्या को सरल बनाने के लिए ब्रॉशर और चार्ट जैसी दृश्य सहायता तैयार करें।

4. आत्मविश्वास से जानकारी प्रस्तुत करने के लिए अपने पिच का अभ्यास करें, जिसमें शारीरिक भाषा जैसे गैर-मौखिक संकेत भी शामिल हों।

5. आपत्तियों या कठिन प्रश्नों को संभालने के लिए संभावित परिदृश्यों का भूमिका निभाकर अभ्यास करें।

6. बैठक की लॉजिस्टिक्स (समय, स्थान, या वर्चुअल सेटअप) की पुष्टि करें ताकि एक सुचारू और पेशेवर बातचीत सुनिश्चित हो सके।

अपनी प्रस्तुति को संरचना देना

1. एक आकर्षक परिचय से शुरुआत करें जो ग्राहक का ध्यान खींचे, जैसे कि एक प्रासंगिक कहानी या आंकड़ा।

2. मुख्य बिंदुओं का खाका तैयार करें, जिससे ग्राहक बातचीत के प्रवाह को समझ सके।

3. प्रस्तुति को तार्किक खंडों में विभाजित करें, जैसे कवरेज के प्रकारों की व्याख्या करना या भ्रांतियों को संबोधित करना।

4. विषयों के बीच सुचारू रूप से स्थानांतरित होने के लिए संक्रमण वाक्यांशों का उपयोग करें, जिससे ग्राहक संलग्न रहें।

5. जटिल जानकारी को स्पष्ट करने के लिए दृश्य सहायता और उदाहरणों का समावेश करें।

6. एक स्पष्ट निष्कर्ष के साथ समाप्त करें जो प्रमुख लाभों का सारांश प्रस्तुत करे और ग्राहक को कार्रवाई करने के लिए प्रोत्साहित करे।

~

समापन करने की तकनीकें

1. **अनुमानात्मक समापन**: ऐसा व्यवहार करें जैसे कि ग्राहक पहले ही निर्णय ले चुका है और पूछें, "आप कवरेज कब शुरू करना चाहेंगे?"

2. **सारांश समापन**: लाभों और प्रमुख विशेषताओं का पुनर्कथन करें और फिर ग्राहक के निर्णय के लिए पूछें।

3. **तात्कालिकता समापन**: देरी के संभावित परिणामों को उजागर करें, जैसे बढ़ती प्रीमियम या बदलती स्वास्थ्य स्थिति।

4. **वैकल्पिक समापन**: दो विकल्प (जैसे टर्म या होल लाइफ) प्रस्तुत करें ताकि ग्राहक निर्णय लेने में मदद मिले।

5. **रेफरल समापन**: बिक्री के समापन पर संतुष्ट ग्राहकों से रेफरल मांगें, जैसे "और कौन इस समाधान से लाभ उठा सकता है?"

7

आपत्तियों का प्रबंधन

जीवन बीमा बिक्री में सामान्य आपत्तियाँ

1. ग्राहक उच्च लागत के कारण आपत्ति कर सकते हैं या सोच सकते हैं कि उन्हें बीमा की आवश्यकता नहीं है।

2. क्षमता और आवश्यकता के बारे में गलतफहमियों को दूर करना अत्यंत महत्वपूर्ण है।

3. विश्वास की कमी या लाभों के बारे में अनिश्चितता भी आपत्तियाँ उत्पन्न कर सकती है।

4. ग्राहक महसूस कर सकते हैं कि उनके पास पहले से ही पर्याप्त कवरेज है और उन्हें और अधिक की आवश्यकता नहीं है।

5. पॉलिसी की शर्तों के बारे में भ्रांतियाँ (जैसे "यह भुगतान नहीं करेगा") स्पष्ट करने की आवश्यकता होती है।

6. समय संबंधित चिंताएँ (जैसे "मैं बाद में करूंगा") को फिर से फ्रेम करना चाहिए ताकि तात्कालिकता को उजागर किया जा सके।

~

आपत्तियों का समाधान करने की तकनीकें

1. **महसूस-समझा-पाया (Feel-Felt-Found) तकनीक** का उपयोग करें, जिससे ग्राहक की चिंताओं को मान्यता मिले और सकारात्मक समाधान प्रदान किया जा सके।

2. ग्राहकों की चिंताओं के प्रति सहानुभूति दिखाएँ और उन्हें समझें कि आप उनके दृष्टिकोण को समझते हैं।

3. केस स्टडीज़ या प्रशंसापत्र प्रदान करें ताकि यह दिखा सकें कि समान परिस्थितियों में दूसरों ने क्या लाभ उठाया है।

4. बजट संबंधी चिंताओं को हल करने के लिए विभिन्न कवरेज स्तरों या अवधि की पेशकश करें।

5. पॉलिसी के भुगतान या अपवादों के बारे में भ्रांतियों को स्पष्ट तथ्यों के साथ स्पष्ट करें।

6. ग्राहकों को आश्वस्त करें कि जल्दी बीमा करवाने के दीर्घकालिक लाभ हैं।

~

आपत्तियों को अवसरों में बदलना

1. आपत्तियों को ग्राहकों के साथ गहरे संवाद में संलग्न होने का अवसर मानें।

2. आपत्तियों का उपयोग करके अपनी विशेषज्ञता दिखाएँ, चिंताओं का आत्मविश्वास के साथ समाधान करें।

3. ग्राहक की चिंताओं को स्वीकार करना और मान्यता देना विश्वास बनाने में मदद करता है।

4. उन ग्राहकों की सफलता की कहानियाँ साझा करें जिन्होंने समान आपत्तियों पर काबू पाया और लाभ उठाया।

5. अतिरिक्त जानकारी या संसाधनों के साथ फॉलो-अप करें जो उनकी विशिष्ट चिंताओं को संबोधित करते हैं।

6. आपत्तियों को शिक्षा और स्पष्टता का अवसर बनाकर संबंध को मजबूत करें।

8

फॉलो-अप रणनीतियाँ

फॉलो-अप का महत्व

1. नियमित फॉलो-अप संभावित ग्राहकों को संलग्न रखने में मदद करता है और उन्हें निर्णय के करीब लाता है।

2. ग्राहक अक्सर विकल्पों पर विचार करने के लिए समय लेते हैं, इसलिए फॉलो-अप रुचि बनाए रखता है और उन्हें लाभों की याद दिलाता है।

3. संचार में निरंतरता विश्वास बनाती है, यह दिखाते हुए कि आप उनकी वित्तीय भलाई में रुचि रखते हैं।

4. मौजूदा ग्राहकों के साथ फॉलो-अप यह सुनिश्चित करता है कि उनकी पॉलिसियाँ उनके बदलते जरूरतों को पूरा करती हैं और संबंधों को मजबूत करती हैं।

5. ग्राहक की पूछताछ या चिंताओं पर ध्यान देना पेशेवरता और विश्वसनीयता को दर्शाता है।

6. एक मजबूत फॉलो-अप रणनीति रूपांतरण दरों और समग्र ग्राहक संतोष को काफी बढ़ा सकती है।

प्रभावी फॉलो-अप तकनीकें

1. ग्राहकों को गर्म, गर्म, और ठंडे लीड जैसी श्रेणियों में विभाजित करें ताकि आप अपने फॉलो-अप को प्राथमिकता दे सकें।

2. CRM टूल का उपयोग करें ताकि इंटरैक्शन को ट्रैक किया जा सके और समय पर फॉलो-अप के लिए अनुस्मारक सेट किए जा सकें।

3. पिछले वार्तालापों या विशिष्ट ग्राहक जरूरतों के आधार पर फॉलो-अप संदेशों को व्यक्तिगत बनाएं।

4. संभावित ग्राहकों के साथ लगातार संचार के लिए स्वचालित ईमेल का लाभ उठाएं।

5. फोन कॉल, ईमेल, या यहां तक कि सोशल मीडिया संदेशों जैसे कई फॉलो-अप विधियों को शामिल करें।

6. नियमित संपर्क सुनिश्चित करने के लिए एक संरचित फॉलो-अप कार्यक्रम स्थापित करें बिना ग्राहक को अभिभूत किए।

~

ग्राहक संबंध बनाए रखना

1. नियमित संचार ग्राहकों को संलग्न रखता है, बिक्री के बाद भी, और दीर्घकालिक प्रतिबद्धता दिखाता है।

2. पॉलिसी परिवर्तनों या उद्योग समाचारों के बारे में व्यक्तिगत अपडेट भेजना निरंतर विश्वास को बढ़ावा देता है।

3. नीति समीक्षाएँ पेश करें ताकि ग्राहक की कवरेज उनके विकसित वित्तीय जरूरतों के अनुरूप हो।

4. ग्राहक की महत्वपूर्ण उपलब्धियों (जैसे जन्मदिन, वर्षगांठ) का जश्न मनाने के लिए व्यक्तिगत संदेश भेजें।

5. चिंताओं या प्रश्नों का तुरंत समाधान करना विश्वसनीयता और ग्राहक संतोष को मजबूत करता है।

6. विश्वास बनाए रखने और दीर्घकालिक वफादारी को प्रोत्साहित करने के लिए पारदर्शिता और ईमानदारी बनाए रखें।

9

एजेंटों के लिए समय प्रबंधन

अपनी बिक्री गतिविधियों को प्राथमिकता देना

1. उन उच्च-प्रभाव गतिविधियों पर ध्यान केंद्रित करें जो सीधे बिक्री में योगदान करती हैं, जैसे ग्राहक बैठकें और फॉलो-अप।

2. कार्यों को तात्कालिकता और महत्व के अनुसार वर्गीकृत करने के लिए आइज़ेनहॉवर मैट्रिक्स जैसे उपकरणों का उपयोग करें।

3. स्पष्ट लक्ष्य निर्धारित करें (दैनिक, साप्ताहिक, मासिक) ताकि आप अपनी प्राथमिकताओं पर ध्यान केंद्रित कर सकें।

4. समय बर्बाद करने वाली गतिविधियों (जैसे अत्यधिक प्रशासनिक कार्य) से बचें और जहाँ संभव हो, कार्यों को सौंपें।

5. हर सप्ताह ग्राहक अधिग्रहण, नीति समीक्षाएँ, और नेटवर्किंग के लिए समय निर्धारित करें।

6. दक्षता में सुधार के लिए अपने कार्यक्रम की नियमित समीक्षा और समायोजन करें।

~

समय प्रबंधन के लिए उपकरण और तकनीकें

1. डिजिटल कैलेंडर का उपयोग करें ताकि अपॉइंटमेंट शेड्यूल कर सकें और संभावित ग्राहकों के लिए विशेष कार्यों के लिए समय ब्लॉक

कर सकें।

2. समय-ब्लॉकिंग लागू करें ताकि आप एक बार में एक कार्य पर ध्यान केंद्रित कर सकें और ध्यान भंग करने से बच सकें।

3. CRM सिस्टम ग्राहक इंटरैक्शन को ट्रैक करने और फॉलो-अप के लिए अनुस्मारक सेट करने में मदद करता है।

4. पोमोडोरो तकनीक ध्यान केंद्रित करने में सुधार कर सकती है, जिसमें छोटे, समयबद्ध कार्य अवधि होती हैं जिनमें ब्रेक शामिल होते हैं।

5. नियमित कार्यों को स्वचालित करें, जैसे ईमेल भेजना या फॉलो-अप अनुस्मारक सेट करना, ताकि उच्च-मूल्य गतिविधियों के लिए समय मुक्त किया जा सके।

6. समय प्रबंधन प्रथाओं को परिष्कृत करने के लिए विचार और समायोजन के लिए समय निर्धारित करें।

~

बिक्री लक्ष्यों को सेट करना और प्राप्त करना

1. SMART (*चैप्टर 12*) लक्ष्य निर्धारित करें (विशिष्ट, मापनीय, प्राप्त करने योग्य, प्रासंगिक, समयबद्ध) ताकि आपकी बिक्री रणनीति का मार्गदर्शन हो सके।

2. दीर्घकालिक लक्ष्यों को प्रबंधनीय चरणों में विभाजित करें ताकि आप प्रेरित और केंद्रित रह सकें।

3. नियमित रूप से प्रगति की ट्रैकिंग करें ताकि सुधार के क्षेत्रों की पहचान हो सके और छोटे जीत का जश्न मनाया जा सके।

4. बाजार की स्थितियों या व्यक्तिगत प्रदर्शन के आधार पर अपने लक्ष्यों को समायोजित करें।

5. प्रत्येक सप्ताह या महीने के अंत में अपने लक्ष्यों की समीक्षा करके खुद को जवाबदेह रखें।

6. मील के पत्थर तक पहुँचने पर खुद को पुरस्कृत करें ताकि प्रेरणा और गति बनी रहे।

10

निरंतर शिक्षा और विकास

निरंतर प्रशिक्षण का महत्व

1. निरंतर शिक्षा एजेंटों को नए उत्पादों, नियमों और बिक्री तकनीकों के बारे में अद्यतित रहने में मदद करती है।

2. उत्पाद ज्ञान को गहरा करना आत्म-विश्वास बढ़ाता है और ग्राहक इंटरैक्शन में सुधार करता है।

3. निरंतर प्रशिक्षण संभावनाओं की पहचान, प्रभावी संचार, और बिक्री बंद करने में आवश्यक कौशल को निखारता है, जिससे सफलता की संभावना बढ़ती है।

4. उद्योग के रुझान लगातार बदलते रहते हैं, और निरंतर सीखना आपको प्रतिस्पर्धी बनाए रखता है। यह आपके ज्ञान को बढ़ाता है और नई अवसरों की खोज में मदद करता है।

5. प्रशिक्षण एजेंटों को जटिल परिस्थितियों को समझने में मदद करता है, जिससे उनकी अनुकूलता और समस्या-समाधान कौशल में सुधार होता है।

6. शिक्षा में निवेश यह दिखाता है कि आप ग्राहकों को सर्वोत्तम सेवा देने के लिए प्रतिबद्ध हैं।

~

पेशेवर विकास के लिए संसाधन

1. उद्योग प्रकाशन और समाचार पत्र बाजार के रुझानों और नियामक परिवर्तनों की जानकारी प्रदान करते हैं।

2. वेबिनार, सेमिनार, और कार्यशालाएँ नए रणनीतियों को सीखने और नेटवर्किंग के अवसर प्रदान करती हैं।

3. मेंटरशिप कार्यक्रम अनुभवी एजेंटों से मार्गदर्शन प्रदान करते हैं और आत्म-विश्वास बनाने में मदद करते हैं।

4. उन्नत अंडरराइटिंग या संपत्ति योजना जैसे विशेष क्षेत्रों में प्रमाणपत्र विश्वसनीयता बढ़ा सकते हैं।

5. ऑनलाइन पाठ्यक्रम लचीलापन प्रदान करते हैं और आपकी सीखने की आवश्यकताओं के अनुसार विषयों की विस्तृत श्रृंखला उपलब्ध कराते हैं।

6. सहकर्मी समूह अनुभव साझा करने, सर्वोत्तम प्रथाओं को सीखने, और नए दृष्टिकोण प्राप्त करने के अवसर प्रदान करते हैं।

~

उद्योग परिवर्तनों पर अद्यतित रहना

1. उद्योग समाचार की सदस्यता लें ताकि आप विकसित होते बाजार की स्थितियों और नए नियमों के बारे में जान सकें।

2. सम्मेलनों और वेबिनारों में भाग लें ताकि आप उद्योग विशेषज्ञों से सुन सकें और नए दृष्टिकोण प्राप्त कर सकें।

3. पेशेवर संघों में शामिल हों ताकि आप सहकर्मियों के साथ नेटवर्क कर सकें और शैक्षिक संसाधनों तक पहुँच प्राप्त कर सकें।

4. ऑनलाइन फोरम में भाग लें ताकि आप विचारों का आदान-प्रदान कर सकें और अन्य पेशेवरों के साथ जुड़े रहें।

5. नियामक निकायों से नियमित रूप से अपडेट की समीक्षा करें ताकि आप अनुपालन सुनिश्चित कर सकें और प्रतिस्पर्धी बने रह सकें।

6. ग्राहकों और सहकर्मियों से फीडबैक प्राप्त करें ताकि उभरते रुझानों या सुधार के क्षेत्रों की पहचान हो सके।

11

व्यक्तिगत ब्रांड बनाना

आपकी अद्वितीय बिक्री प्रस्ताव को परिभाषित करना

1. अपनी अद्वितीय ताकत और उन चीजों की पहचान करें जो आपको अन्य एजेंटों से अलग बनाती हैं।

2. उन विशेष मूल्यों पर ध्यान केंद्रित करें जो आप ग्राहकों को प्रदान करते हैं, जैसे व्यक्तिगत सेवा या विशेष ज्ञान।

3. अपने संदेश को अपने लक्षित बाजार की आवश्यकताओं और प्राथमिकताओं के अनुसार अनुकूलित करें।

4. अपने विशेषज्ञता को उजागर करने के लिए ग्राहक प्रशंसापत्र और सफलता की कहानियों का उपयोग करें।

5. एक स्पष्ट और सुसंगत ब्रांड संदेश विकसित करें जो आपके मूल्यों और दृष्टिकोण को दर्शाता हो।

6. ग्राहक फीडबैक और विकसित होते बाजार की मांगों के आधार पर अपने अद्वितीय बिक्री प्रस्ताव (USP) को लगातार परिष्कृत करें।

~

ब्रांडिंग के लिए सोशल मीडिया का उपयोग करना

1. लिंक्डइन जैसे प्लेटफार्मों पर एक पेशेवर प्रोफ़ाइल बनाएं, जिसमें आपकी विशेषज्ञता और सेवाओं को दर्शाया गया हो।

2. मूल्यवान सामग्री जैसे टिप्स, लेख, या केस स्टडीज़ साझा करें ताकि आप एक विचार नेता के रूप में अपनी स्थिति बना सकें।

3. अपने दर्शकों के साथ जुड़ें, टिप्पणियों का जवाब दें, प्रश्नों का उत्तर दें, और चर्चाओं में भाग लें।

4. अपनी सामग्री को अधिक आकर्षक और साझा करने योग्य बनाने के लिए दृश्य सामग्री और इन्फोग्राफिक्स का उपयोग करें।

5. विश्वसनीयता बनाने के लिए प्रशंसापत्र और ग्राहक सफलता की कहानियों को बढ़ावा दें।

6. उद्योग समाचार और व्यक्तिगत अंतर्दृष्टियों पर नियमित रूप से अपडेट पोस्ट करें ताकि आपकी दृश्यता और प्रासंगिकता बनी रहे।

~

सफलता के लिए नेटवर्किंग

1. उद्योग कार्यक्रमों जैसे सम्मेलनों या सेमिनारों में भाग लें ताकि पेशेवरों और संभावित ग्राहकों से मिल सकें।

2. पेशेवर संघों में शामिल हों ताकि आप अपना नेटवर्क बढ़ा सकें और उद्योग संसाधनों तक पहुँच प्राप्त कर सकें।

3. सहकर्मियों के साथ जुड़ने, ज्ञान साझा करने, और रेफरल नेटवर्क बनाने के लिए सोशल मीडिया का लाभ उठाएं।

4. सामुदायिक गतिविधियों में भाग लें ताकि संभावित ग्राहकों से मिल सकें और स्थानीय विश्वसनीयता स्थापित कर सकें।

5. अनुभवी एजेंटों से मार्गदर्शन प्राप्त करने के लिए मेंटरशिप की तलाश करें ताकि आप अंतर्दृष्टि प्राप्त कर सकें और अपने पेशेवर दायरे का विस्तार कर सकें।

6. संपर्कों के साथ नियमित रूप से फॉलो-अप करें ताकि संबंधों को बढ़ावा मिल सके और सहयोग के अवसर उत्पन्न हो सकें।

12

निष्कर्ष और अगले कदम

आवश्यक कौशल का पुनरावलोकन

1. **संचार में महारत**: यह विश्वास बनाने और जटिल बीमा उत्पादों को स्पष्ट रूप से समझाने के लिए आवश्यक है।

2. **दीर्घकालिक संबंध बनाना**: रेफरल और पुनरावृत्ति व्यवसाय उत्पन्न करने के लिए यह कुंजी है।

3. **आपत्तियों को प्रभावी ढंग से संभालना**: यह आपके ग्राहक-एजेंट संबंध को मजबूत करता है और बिक्री के परिणामों में सुधार करता है।

4. **ग्राहकों के साथ निरंतर फॉलो-अप**: यह निरंतर सहभागिता और संतोष सुनिश्चित करता है, जिससे ग्राहक की जरूरतों को समझने और उनके अनुभव को बेहतर बनाने में मदद मिलती है।

5. **समय प्रबंधन**: उच्च प्रभाव वाली गतिविधियों को प्राथमिकता देने और उत्पादकता में अत्याधिक सुधार करने में मदद करता है।

6. **निरंतर शिक्षा**: प्रतिस्पर्धी बने रहने और शीर्ष गुणवत्ता की ग्राहक सेवा प्रदान करने के लिए महत्वपूर्ण है।

~

भविष्य के लक्ष्यों को स्थापित करना

1. **SMART लक्ष्य निर्धारित करें**: करियर विकास के लिए और नियमित रूप से प्रगति को ट्रैक करें।

- S - विशिष्ट (Specific)
- M - मापने योग्य (Measurable)
- A - प्राप्त करने योग्य (Achievable)
- R - प्रासंगिक (Relevant)
- T - समयबद्ध (Time-bound)

2. **बड़े लक्ष्यों को छोटे, प्राप्त करने योग्य चरणों में विभाजित करें**: ताकि प्रेरणा बनी रहे।

3. **बदलती बाजार स्थितियों या व्यक्तिगत प्रदर्शन के आधार पर लक्ष्यों को समायोजित करें।**

4. **मील के पत्थरों का जश्न मनाएं**: सफलता को मजबूत करने और आगे बढ़ने के लिए।

5. **निरंतर सुधार की योजना बनाएं**: फीडबैक प्राप्त करके और अनुकूल रहने पर ध्यान केंद्रित करें।

6. **दीर्घकालिक विकास पर ध्यान केंद्रित करें**, जिसमें अपने ग्राहक आधार का विस्तार करना और उद्योग में विशेषज्ञता को गहरा करना शामिल है।

~

जीवनभर सीखने के लिए प्रोत्साहन

1. जीवनभर सीखना तेजी से विकसित हो रहे उद्योग में प्रासंगिक बने रहने और सफलता बनाए रखने के लिए आवश्यक है।

2. जिज्ञासु रहें और नए ज्ञान की खोज करें, चाहे वह औपचारिक प्रशिक्षण हो या आत्म-अध्ययन।

3. परिवर्तन को अपनाएं और चुनौतियों का उपयोग अपने कौशल को विकसित करने और सुधारने के अवसरों के रूप में करें।

4. नियमित रूप से अपनी ताकत और सुधार के क्षेत्रों का आकलन करें, और उन क्षेत्रों में आगे की शिक्षा प्राप्त करें।

5. सहायक साथियों और मेंटर्स से घिरे रहें जो आपकी वृद्धि को प्रोत्साहित करते हैं।

6. नए विचारों के प्रति खुले रहें और निरंतर सुधार करते रहें, जिससे आपके करियर में दीर्घकालिक सफलता सुनिश्चित हो सके।